AF542526

Todos los libros de Linkgua Ediciones cuentan con modelos de Inteligencia Artificial entrenados por hispanistas. Pregúntale al chat de tu libro lo que desees acerca de la obra o su autor/a.

Para ebooks: Accede a nuestro modelo de IA a través de este enlace.

Para libros impresos: Escanea el código QR de la portada con tu dispositivo móvil.

Obtén análisis detallados de nuestros libros, resúmenes, respuestas a tus preguntas y accede a nuestras ediciones críticas generativas para una experiencia de lectura más enriquecedora.
La transparencia y el respeto hacia la autoría de las fuentes utilizadas son distintivos básicos de nuestro proyecto. Por ello, las respuestas ofrecen, mediante un sistema de citas, las fuentes con las que han sido elaboradas.

Federico García Lorca

Bodas de sangre

Edición de Jorge Cabezas

Barcelona 2024
Linkgua-ediciones.com

Créditos

Título original: Bodas de sangre.

© 2024, Red ediciones S.L.

e-mail: info@linkgua.com

Diseño de cubierta: Michel Mallard.

ISBN rústica ilustrada: 978-84-9007-596-8.
ISBN tapa dura: 978-84-1126-108-1.
ISBN ebook: 978-84-9953-911-9.

Cualquier forma de reproducción, distribución, comunicación pública o transformación de esta obra solo puede ser realizada con la autorización de sus titulares, salvo excepción prevista por la ley. Diríjase a CEDRO (Centro Español de Derechos Reprográficos, www.cedro.org) si necesita fotocopiar, escanear o hacer copias digitales de algún fragmento de esta obra.

Sumario

Brevísima presentación

La vida

Federico García Lorca (Fuente Vaqueros, Granada, 5 de junio de 1898-entre Víznar y Alfacar, 18 de agosto de 1936). España.

Poeta, dramaturgo y prosista. Adscrito a la llamada generación del 27, es el poeta de mayor influencia de la literatura española del siglo XX.

Nació en una familia de posición económica desahogada y fue bautizado con el nombre de Federico del Sagrado Corazón de Jesús García Lorca; su padre fue don Federico García Rodríguez, un hacendado, y su madre, doña Vicenta Lorca, maestra de escuela que fomentó el gusto literario a su hijo.

Como estudiante fue algo irregular, abandonó la Facultad de Derecho de Granada para instalarse en la Residencia de Estudiantes de Madrid (1918-1928); y pasado un tiempo regresó a la Universidad de Granada donde se graduó como abogado.

En 1918 publicó su primer libro *Impresiones y paisajes*, costeado por su padre. En 1920 se estrenó su obra de teatro *El maleficio de la mariposa*, y en 1921 se publicó su *Libro de poemas*. En esta época frecuentó a los poetas de su generación: Jorge Guillén, Pedro Salinas, Gerardo Diego, Dámaso Alonso, Rafael Alberti, y sobre todo a Buñuel y Dalí, a quien después le tributó *Oda a Salvador Dalí*. El pintor, por su parte, pintó los decorados de la pieza teatral *Mariana Pineda*.

Hacia 1928 Lorca publicó la revista literaria *Gallo*, de la cual salieron apenas dos números.

En 1929 se marchó a Nueva York. Para entonces se habían publicado, además de los libros ya citados, sus libros *Canciones* (1927) y el *Primer romancero gitano* (1928), su obra poética más célebre.

De su viaje a Nueva York nace el libro *Poeta en Nueva York*. De esta ciudad Lorca viajó en 1930 a La Habana, donde escribió parte de sus obras *Así pasen cinco años* y *El público*, ese año regresó a España donde fue recibido en Madrid con la noticia de que su farsa *La zapatera prodigiosa* estaba en escena.

En 1931 se instaura la Segunda República española y esta nombró a Fernando de los Ríos como Ministro de Instrucción Pública, quien fue el principal mecenas de Lorca durante los primeros años del poeta en España. García Lorca fue nombrado codirector de la compañía estatal de teatro La barraca donde produjo, dirigió, escribió, y adaptó varias obras teatrales. Escribió en este período *Bodas de Sangre*, *Yerma* y *Doña Rosita la soltera*.

En 1933 viajó a Argentina y su puesta en escena de *La dama boba* de Lope de Vega atrajo a más de sesenta mil personas. Entre este año y 1936 escribió *Diván de Tamarit*, *Llanto por Ignacio Sánchez Mejías*, *La casa de Bernarda Alba* y trabajó en *La destrucción de Sodoma*.

Tras el estallido de la Guerra Civil española, Lorca rehusó el exilio ofrecido por Colombia y México, cuyos embajadores previeron que el poeta pudiera ser víctima de un atentado.

Tras una denuncia anónima, el 16 de agosto de 1936 fue detenido en la casa de su amigo, el también poeta Luis Rosales, quien obtuvo la promesa de que sería puesto en libertad «si no existía denuncia en su contra». La orden de ejecución fue dada por el gobernador civil de Granada, José Valdés Guzmán. Valdés contaba con el visto bueno del general Queipo de Llano, a quien se consultó sobre qué hacer con Lorca. Parece que fue fusilado la madrugada del día 18 de agosto de 1936.

Las bodas

Con esta obra en tres actos, escrita en verso y en prosa en 1933, Lorca se propuso realizar una tragedia en el sentido clásico del término, un género que consideraba la verdadera raíz del teatro. La obra está ambientada en la tradicional Andalucía —que no obstante se convierte en manos de Lorca en un lugar tan mítico y universal como la Grecia clásica— donde una muchacha es obligada a casarse con un hombre al que no ama, puesto que está enamorada de otro joven, Leonardo, con quien mantuvo en el pasado una relación. Tras la boda se sucede un crescendo de imágenes que anticipan el desenlace fatal. Como en la tragedia clásica, los personajes están sometidos a un destino que se les revela. La realización de sus deseos o de su voluntad, lejos de liberarlos, tan solo parecen apresurar los dictados del destino.

Bodas de sangre

Personajes

Madre
Criada
Leonardo
Mozos
Novia
Vecina
Novio
Leñadores
Suegra
Muchachas
Padre de la novia
Mozos
Mujer de Leonardo
Luna
Muerte

Acto primero

Cuadro primero

Habitación pintada de amarillo.

Novio (Entrando.) Madre.

Madre ¿Que?

Novio Me voy.

Madre ¿Adónde?

Novio A la viña.

(Va a salir.)

Madre Espera.

Novio ¿Quieres algo?

Madre Hijo, el almuerzo.

Novio Déjalo. Comeré uvas. Dame la navaja.

Madre ¿Para qué?

Novio (Riendo.) Para cortarlas.

Madre (Entre dientes y buscándola.)

La navaja, la navaja...
Malditas sean todas y el bribón que las inventó.

Novio — Vamos a otro asunto.

Madre — Y las escopetas, y las pistolas, y el cuchillo más pequeño, y hasta las azadas y los bieldos de la era.

Novio — Bueno.

Madre — Todo lo que puede cortar el cuerpo de un hombre. Un hombre hermoso, con su flor en la boca, que sale a las viñas o va a sus olivos propios, porque son de él, heredados...

Novio — (Bajando la cabeza.) Calle usted.

Madre — ... y ese hombre no vuelve. O si vuelve es para ponerle una palma encima o un plato de sal gorda para que no se hinche. No sé cómo te atreves a llevar una navaja en tu cuerpo, ni cómo yo dejo a la serpiente dentro del arcón.

Novio — ¿Está bueno ya?

Madre — Cien años que yo viviera no hablaría de otra cosa. Primero, tu padre, que me olía a clavel y lo disfruté tres años escasos. Luego, tu hermano. ¿Y es justo y puede ser que una cosa pequeña como una pistola o una navaja pueda acabar con un hombre, que es un toro? No callaría nunca. Pasan los meses y la desesperación me pica en los ojos y hasta en las puntas del pelo.

Novio (Fuerte.) ¿Vamos a acabar?

Madre No. No vamos a acabar. ¿Me puede alguien traer a tu padre y a tu hermano? Y luego, el presidio. ¿Qué es el presidio? ¡Allí comen, allí fuman, allí tocan los instrumentos! Mis muertos llenos de hierba, sin hablar, hechos polvo; dos hombres que eran dos geranios... Los matadores, en presidio, frescos, viendo los montes...

Novio ¿Es que quiere usted que los mate?

Madre No... Si hablo, es porque... ¿Cómo no voy a hablar viéndote salir por esa puerta? Es que no me gusta que lleves navaja. Es que... que no quisiera que salieras al campo.

Novio (Riendo.) ¡Vamos!

Madre Que me gustaría que fueras una mujer. No te irías al arroyo ahora y bordaríamos las dos cenefas y perritos de lana.

Novio (Coge de un brazo a la madre y ríe.) Madre, ¿y si yo la llevara conmigo a las viñas?

Madre	¿Qué hace en las viñas una vieja? ¿Me ibas a meter debajo de los pámpanos?
Novio	(Levantándola en sus brazos.) Vieja, revieja, requetevieja.
Madre	Tu padre sí que me llevaba. Eso es buena casta. Sangre. Tu abuelo dejó a un hijo en cada esquina. Eso me gusta. Los hombres, hombres, el trigo, trigo.
Novio	¿Y yo, madre?
Madre	¿Tú, qué?
Novio	¿Necesito decírselo otra vez?
Madre (Seria.)	¡Ah!
Novio	¿Es que le parece mal?
Madre	No
Novio	¿Entonces...?
Madre	No lo sé yo misma. Así, de pronto, siempre me sorprende. Yo sé que la muchacha es buena. ¿Verdad que sí? Modosa. Trabajadora. Amasa su pan y cose sus faldas, y siento, sin embargo, cuando la nombro, como si me dieran una pedrada en la frente.

Novio	Tonterías.
Madre	Más que tonterías. Es que me quedo sola. Ya no me queda más que tú, y siento que te vayas.
Novio	Pero usted vendrá con nosotros.
Madre	No. Yo no puedo dejar aquí solos a tu padre y a tu hermano. Tengo que ir todas las mañanas, y si me voy es fácil que muera uno de los Felix, uno de la familia de los matadores, y lo entierren al lado. ¡Y eso sí que no! ¡Ca! ¡Eso sí que no! Porque con las uñas los desentierro y yo sola los machaco contra la tapia.
Novio (Fuerte.)	Vuelta otra vez.
Madre	Perdóname. (Pausa.) ¿Cuánto tiempo llevas en relaciones?
Novio	Tres años. Ya pude comprar la viña.
Madre	Tres años. Ella tuvo un novio, ¿no?
Novio	No sé. Creo que no. Las muchachas tienen que mirar con quien se casan.
Madre	Sí. Yo no miré a nadie. Miré a tu padre, y cuando lo mataron miré a la pared de enfrente. Una mujer con un hombre, y ya está.

Novio Usted sabe que mi novia es buena.

Madre No lo dudo. De todos modos, siento no saber cómo fue su madre.

Novio ¿Qué más da?

Madre (Mirándole.) Hijo.

Novio ¿Qué quiere usted?

Madre ¡Que es verdad! ¡Que tienes razón! ¿Cuándo quieres que la pida?

Novio (Alegre.) ¿Le parece bien el domingo?

Madre (Seria.) Le llevaré los pendientes de azófar, que son antiguos, y tú le compras...

Novio Usted entiende más...

Madre Le compras unas medias caladas, y para ti dos trajes... ¡Tres! ¡No te tengo más que a ti!

Novio Me voy. Mañana iré a verla.

Madre Sí, sí; y a ver si me alegras con seis nietos, o lo que te dé la gana, ya que tu padre no tuvo lugar de hacérmelos a mí.

Novio El primero para usted.

Madre Sí, pero que haya niñas. Que yo quiero bordar y hacer encaje y estar tranquila.

Novio Estoy seguro que usted querrá a mi novia.

Madre La querré. (Se dirige a besarlo y reacciona.) Anda, ya estás muy grande para besos. Se los das a tu mujer. (Pausa. Aparte.) Cuando lo sea.

Novio Me voy.

Madre Que caves bien la parte del molinillo, que la tienes descuidada.

Novio ¡Lo dicho!

Madre Anda con Dios.

(Vase el novio. La madre queda sentada de espaldas a la puerta. Aparece en la puerta una vecina vestida de color oscuro, con pañuelo a la cabeza.)

Madre Pasa.

Vecina ¿Cómo estás?

Madre Ya ves.

Vecina Yo bajé a la tienda y vine a verte. ¡Vivimos tan lejos...!

Madre	Hace veinte años que no he subido a lo alto de la calle.
Vecina	Tú estas bien.
Madre	¿Lo crees?
Vecina	Las cosas pasan. Hace dos días trajeron al hijo de mi vecina con los dos brazos cortados por la máquina.

(Se sienta.)

Madre	¿A Rafael?
Vecina	Sí. Y allí lo tienes. Muchas veces pienso que tu hijo y el mío están mejor donde están, dormidos, descansando, que no expuestos a quedarse inútiles.
Madre	Calla. Todo eso son invenciones, pero no consuelos.
Vecina	¡Ay!
Madre	¡Ay!

(Pausa.)

Vecina (Triste.)	¿Y tu hijo?
Madre	Salió.

Vecina	¡Al fin compró la viña!
Madre	Tuvo suerte.
Vecina	Ahora se casará.
Madre	(Como despertando y acercando su silla a la silla de la vecina.) Oye.
Vecina	(En plan confidencial.) Dime.
Madre	¿Tú conoces a la novia de mi hijo?
Vecina	¡Buena muchacha!
Madre	Sí, pero...
Vecina	Pero quien la conozca a fondo no hay nadie. Vive sola con su padre allí, tan lejos, a diez leguas de la casa más cerca. Pero es buena. Acostumbrada a la soledad.
Madre	¿Y su madre?
Vecina	A su madre la conocí. Hermosa. Le relucía la cara como un santo; pero a mí no me gustó nunca. No quería a su marido.
Madre (Fuerte.)	Pero ¡cuántas cosas sabéis las gentes!
Vecina	Perdona. No quisiera ofender; pero es verdad. Ahora, si fue decente o no, nadie

lo dijo. De esto no se ha hablado. Ella era orgullosa.

Madre	¡Siempre igual!
Vecina	Tú me preguntaste.
Madre	Es que quisiera que ni a la viva ni a la muerte las conociera nadie. Que fueran como dos cardos, que ninguna persona los nombra y pinchan si llega el momento.
Vecina	Tienes razón. Tu hijo vale mucho.
Madre	Vale. Por eso lo cuido. A mí me habían dicho que la muchacha tuvo novio hace tiempo.
Vecina	Tendría ella quince años. Él se casó ya hace dos años con una prima de ella, por cierto. Nadie se acuerda del noviazgo.
Madre	¿Cómo te acuerdas tú?
Vecina	¡Me haces unas preguntas...!
Madre	A cada uno le gusta enterarse de lo que le duele. ¿Quién fue el novio?
Vecina	Leonardo.
Madre	¿Qué Leonardo?
Vecina	Leonardo, el de los Félix.

Madre	(Levantándose.) ¡De los Félix!
Vecina	Mujer, ¿qué culpa tiene Leonardo de nada? Él tenía ocho años cuando las cuestiones.
Madre	Es verdad... Pero oigo eso de Félix y es lo mismo (entre dientes) Félix que llenárseme de cieno la boca (escupe), y tengo que escupir, tengo que escupir por no matar.
Vecina	Repórtate. ¿Qué sacas con eso?
Madre	Nada. Pero tú lo comprendes.
Vecina	No te opongas a la felicidad de tu hijo. No le digas nada. Tú estás vieja. Yo, también. A ti y a mí nos toca callar.
Madre	No le diré nada.
Vecina (Besándola.)	Nada.
Madre (Serena.)	¡Las cosas...!
Vecina	Me voy, que pronto llegará mi gente del campo.
Madre	¿Has visto qué día de calor?
Vecina	Iban negros los chiquillos que llevan el agua a los segadores. Adiós, mujer.

Madre Adiós.

(Se dirige a la puerta de la izquierda. En medio del camino se detiene y lentamente se santigua.)

Telón

Cuadro segundo

Habitación pintada de rosa con cobres y ramos de flores populares. En el centro, una mesa con mantel. Es la mañana. Suegra de Leonardo con un niño en brazos. Lo mece. La mujer, en la otra esquina, hace punto de media.

Suegra

Nana, niño, nana
del caballo grande
que no quiso el agua.
El agua era negra
dentro de las ramas.
Cuando llega el puente
se detiene y canta.
¿Quién dirá, mi niño,
lo que tiene el agua
con su larga cola
por su verde sala?

Mujer (Bajo.)

Duérmete, clavel,
que el caballo no quiere beber.

Suegra

Duérmete, rosal,
que el caballo se pone a llorar.
Las patas heridas,
las crines heladas,

	dentro de los ojos un puñal de plata. Bajaban al río. ¡Ay, cómo bajaban! La sangre corría más fuerte que el agua.
Mujer	Duérmete, clavel, que el caballo no quiere beber.
Suegra	Duérmete, rosal, que el caballo se pone a llorar.
Mujer	No quiso tocar la orilla mojada, su belfo caliente con moscas de plata. A los montes duros solo relinchaba con el río muerto sobre la garganta. ¡Ay caballo grande que no quiso el agua! ¡Ay dolor de nieve, caballo del alba!
Suegra	¡No vengas! Detente, cierra la ventana con rama de sueños y sueño de ramas.
Mujer	Mi niño se duerme.

Suegra	Mi niño se calla.
Mujer	Caballo, mi niño tiene una almohada.
Suegra	Su cuna de acero.
Mujer	Su colcha de holanda.
Suegra	Nana, niño, nana.
Mujer	¡Ay caballo grande que no quiso el agua!
Suegra	¡No vengas, no entres! Vete a la montaña. Por los valles grises donde está la jaca.
Mujer (Mirando.)	Mi niño se duerme.
Suegra	Mi niño descansa.
Mujer (Bajito.)	Duérmete, clavel, que el caballo no quiere beber.
Mujer	(Levantándose, y muy bajito.) Duérmete, rosal. que el caballo se pone a llorar.

(Entran al niño. Entra Leonardo.)

Leonardo	¿Y el niño?

Mujer — Se durmió.

Leonardo — Ayer no estuvo bien. Lloró por la noche.

Mujer (Alegre.) — Hoy está como una dalia. ¿Y tú? ¿Fuiste a casa del herrador?

Leonardo — De allí vengo. ¿Querrás creer? Llevo más de dos meses poniendo herraduras nuevas al caballo y siempre se le caen. Por lo visto se las arranca con las piedras.

Mujer — ¿Y no será que lo usas mucho?

Leonardo — No. Casi no lo utilizo.

Mujer — Ayer me dijeron las vecinas que te habían visto al límite de los llanos.

Leonardo — ¿Quién lo dijo?

Mujer — Las mujeres que cogen las alcaparras. Por cierto que me sorprendió. ¿Eras tú?

Leonardo — No. ¿Qué iba a hacer yo allí en aquel secano?

Mujer — Eso dije. Pero el caballo estaba reventando de sudor.

Leonardo — ¿Lo viste tú?

Mujer No. Mi madre.

Leonardo ¿Está con el niño?

Mujer Sí. ¿Quieres un refresco de limón?

Leonardo Con el agua bien fría.

Mujer ¡Cómo no viniste a comer!...

Leonardo Estuve con los medidores del trigo. Siempre entretienen.

Mujer (Haciendo el refresco y muy tierna.) ¿Y lo pagan a buen precio?

Leonardo El justo.

Mujer Me hace falta un vestido y al niño una gorra con lazos.

Leonardo (Levantándose.) Voy a verlo.

Mujer Ten cuidado, que está dormido.

Suegra (Saliendo.) Pero ¿quién da esas carreras al caballo? Está abajo, tendido, con los ojos desorbitados, como si llegara del fin del mundo.

Leonardo (Agrio.) Yo.

Suegra Perdona; tuyo es.

Mujer (Tímida.) Estuvo con los medidores del trigo.

Suegra Por mí, que reviente.

(Se sienta.)

(Pausa.)

Mujer El refresco. ¿Está frío?

Leonardo Sí.

Mujer ¿Sabes que piden a mi prima?

Leonardo ¿Cuándo?

Mujer Mañana. La boda será dentro de un mes. Espero que vendrán a invitarnos.

Leonardo (Serio.) No sé.

Suegra La madre de él creo que no estaba muy satisfecha con el casamiento.

Leonardo Y quizá tenga razón. Ella es de cuidado.

Mujer No me gusta que penséis mal de una buena muchacha.

Suegra Pero cuando dice eso es porque la conoce. ¿No ves que fue tres años novia suya?

(Con intención.)

Leonardo — Pero la dejé. (A su mujer.) ¿Vas a llorar ahora? ¡Quita! (La aparta bruscamente las manos de la cara.) Vamos a ver al niño.

(Entran abrazados.)

(Aparece la muchacha, alegre. Entra corriendo.)

Muchacha — Señora.

Suegra — ¿Qué pasa?

Muchacha — Llegó el novio a la tienda y ha comprado todo lo mejor que había.

Suegra — ¿Vino solo?

Muchacha — No, con su madre. Seria, alta. (La imita.) Pero ¡qué lujo!

Suegra — Ellos tienen dinero.

Muchacha — ¡Y compraron unas medias caladas!... ¡Ay, qué medias! ¡El sueño de las mujeres en medias! Mire usted: una golondrina aquí (Señala el tobillo.), un barco aquí (Señala la pantorrilla.) y aquí una rosa.

(Señala el muslo.)

Suegra — ¡Niña!

Muchacha ¡Una rosa con las semillas y el tallo! ¡Ay! ¡Todo en seda!

Suegra Se van a juntar dos buenos capitales.

(Aparecen Leonardo y su mujer.)

Muchacha Vengo a deciros lo que están comprando.

Leonardo (Fuerte.) No nos importa.

Mujer Déjala.

Suegra Leonardo, no es para tanto.

Muchacha Usted dispense.

(Se va llorando.)

Suegra ¿Qué necesidad tienes de ponerte a mal con las gentes?

Leonardo No le he preguntado su opinión.

(Se sienta.)

Suegra Está bien.

(Pausa.)

Mujer (A Leonardo.) ¿Qué te pasa? ¿Qué idea te bulle por dentro de cabeza? No me dejes así, sin saber nada...

Leonardo Quita.

Mujer No. Quiero que me mires y me lo digas.

Leonardo Déjame.

(Se levanta.)

Mujer ¿Adónde vas, hijo?

Leonardo (Agrio.) ¿Te puedes callar?

Suegra (Enérgica, a su hija.) ¡Cállate! (Sale Leonardo.) ¡El niño! (Entra y vuelve a salir con él en brazos.) (La mujer ha permanecido de pie, inmóvil.)
Las patas heridas,
las crines heladas,
dentro de los ojos
un puñal de plata.
Bajaban al río.
La sangre corría
más fuerte que el agua.

Mujer (Volviéndose lentamente y como soñando.)
Duérmete, clavel,
que el caballo se pone a beber.

Suegra Duérmete, rosal,
que el caballo se pone a llorar.

Mujer Nana, niño, nana.

Suegra — Ay, caballo grande,
que no quiso el agua!

Mujer (Dramática.) — ¡No vengas, no entres!
¡Vete a la montaña!
¡Ay dolor de nieve,
caballo del alba!

Suegra (Llorando.) — Mi niño se duerme...

Mujer — (Llorando y acercándose lentamente.)
Mi niño descansa...

Suegra — Duérmete, clavel,
que el caballo no quiere beber.

Mujer — (Llorando y apoyándose sobre la mesa.)
Duérmete, rosal,
que el caballo se pone a llorar.

Telón

Cuadro tercero

Interior de la cueva donde vive la novia. Al fondo, una cruz de grandes flores rosa. Las puertas, redondas, con cortinajes de encaje y lazos rosa. Por las paredes, de material blanco y duro, abanicos redondos, jarros azules y pequeños espejos.

Criada — Pasen... (Muy afable, llena de hipocresía humilde. Entran el novio y su madre. La madre viste de raso negro y lleva mantilla de encaje.

El novio, de pana negra con gran cadena de oro.) ¿Se quieren sentar? Ahora vienen.

(Sale.)

(Quedan madre e hijo sentados, inmóviles como estatuas. Pausa larga.)

Madre ¿Traes el reloj?

Novio Sí.

(Lo saca y lo mira.)

Madre Tenemos que volver a tiempo. ¡Qué lejos vive esta gente!

Novio Pero estas tierras son buenas.

Madre Buenas; pero demasiado solas. Cuatro horas de camino y ni una casa ni un árbol.

Novio Estos son los secanos.

Madre Tu padre los hubiera cubierto de árboles.

Novio ¿Sin agua?

Madre Ya la hubiera buscado. Los tres años que estuvo casado conmigo, plantó diez cerezos. (Haciendo memoria.) Los tres nogales del molino, toda una viña y una planta que se llama Júpiter, que da flores encarnadas, y se secó.

(Pausa.)

Novio
(Por la novia.) Debe estar vistiéndose.

(Entra el padre de la novia. Es anciano, con el cabello blanco, reluciente. Lleva la cabeza inclinada. La madre y el novio se levantan y se dan las manos en silencio.)

Padre ¿Mucho tiempo de viaje?

Madre Cuatro horas.

(Se sientan.)

Padre Habéis venido por el camino más largo.

Madre Yo estoy ya vieja para andar por las terreras del río.

Novio Se marea.

(Pausa.)

Padre Buena cosecha de esparto.

Novio Buena de verdad.

Padre — En mi tiempo, ni esparto daba esta tierra. Ha sido necesario castigarla y hasta llorarla, para que nos dé algo provechoso.

Madre — Pero ahora da. No te quejes. Yo no vengo a pedirte nada.

Padre (Sonriendo.) — Tú eres más rica que yo. Las viñas valen un capital. Cada pámpano una moneda de plata. Lo que siento es que las tierras... ¿entiendes?... estén separadas. A mí me gusta todo junto. Una espina tengo en el corazón, y es la huertecilla esa metida entre mis tierras, que no me quieren vender por todo el oro del mundo.

Novio — Eso pasa siempre.

Padre — Si pudiéramos con veinte pares de bueyes traer tus viñas aquí y ponerlas en la ladera. ¡Qué alegría!...

Madre — ¿Para qué?

Padre — Lo mío es de ella y lo tuyo de él. Por eso. Para verlo todo junto, ¡que junto es una hermosura!

Novio — Y sería menos trabajo.

Madre — Cuando yo me muera, vendéis aquello y compráis aquí al lado.

Padre | Vender, ¡vender! ¡Bah!; comprar hija, comprarlo todo. Si yo hubiera tenido hijos hubiera comprado todo este monte hasta la parte del arroyo. Porque no es buena tierra; pero con brazos se la hace buena, y como no pasa gente no te roban los frutos y puedes dormir tranquilo.

(Pausa.)

Madre | Tú sabes a lo que vengo.

Padre | Sí.

Madre | ¿Y qué?

Padre | Me parece bien. Ellos lo han hablado.

Madre | Mi hijo tiene y puede.

Padre | Mi hija también.

Madre | Mi hijo es hermoso. No ha conocido mujer. La honra más limpia que una sábana puesta al Sol.

Padre | Qué te digo de la mía. Hace las migas a las tres, cuando el lucero. No habla nunca; suave como la lana, borda toda clase de bordados y puede cortar una maroma con los dientes.

Madre | Dios bendiga su casa.

Padre — Que Dios la bendiga.

(Aparece la criada con dos bandejas. Una con copas y la otra con dulces.)

Madre (Al hijo.) — ¿Cuándo queréis la boda?

Novio — El jueves próximo.

Padre — Día en que ella cumple veintidós años justos.

Madre — ¡Veintidós años! Esa edad tendría mi hijo mayor si viviera. Que viviría caliente y macho como era, si los hombres no hubieran inventado las navajas.

Padre — En eso no hay que pensar.

Madre — Cada minuto. Métete la mano en el pecho.

Padre — Entonces el jueves. ¿No es así?

Novio — Así es.

Padre — Los novios y nosotros iremos en coche hasta la iglesia, que está muy lejos, y el acompañamiento en los carros y en las caballerías que traigan.

Madre — Conformes.

(Pasa la criada.)

Padre	Dile que ya puede entrar. (A la madre.) Celebraré mucho que te guste.

(Aparece la novia. Trae las manos caídas en actitud modesta y la cabeza baja.)

Madre	Acércate. ¿Estás contenta?
Novia	Sí, señora.
Padre	No debes estar seria. Al fin y al cabo ella va a ser tu madre.
Novia	Estoy contenta. Cuando he dado el si es porque quiero darlo.
Madre	Naturalmente. (Le coge la barbilla.) Mírame.
Padre	Se parece en todo a mi mujer.
Madre	¿Sí? ¡Qué hermoso mirar! ¿Tú sabes lo que es casarse, criatura?
Novia (Seria.)	Lo sé.
Madre	Un hombre, unos hijos y una pared de dos varas de ancho para todo lo demás.
Novio	¿Es que hace falta otra cosa?

Madre	No. Que vivan todos, ¡eso! ¡Que vivan!
Novia	Yo sabré cumplir.
Madre	Aquí tienes unos regalos.
Novia	Gracias.
Padre	¿No tomamos algo?
Madre	Yo no quiero. (Al novio.) ¿Y tú?
Novio	Tomaré.

(Toma un dulce. La novia toma otro.)

Padre (Al novio.)	¿Vino?
Madre	No lo prueba.
Padre	¡Mejor!

(Pausa. Todos están de pie.)

Novio (A la novia.)	Mañana vendré.
Novia	¿A qué hora?
Novio	A las cinco.
Novia	Yo te espero.

Novio	Cuando me voy de tu lado siento un despego grande y así como un nudo en la garganta.
Novia	Cuando seas mi marido ya no lo tendrás.
Novio	Eso digo yo.
Madre	Vamos. El Sol no espera. (Al padre.) ¿Conformes en todo?
Padre	Conformes.
Madre (A la criada.)	Adiós, mujer.
Criada	Vayan ustedes con Dios.

(La madre besa a la novia y van saliendo en silencio.)

Madre (En la puerta.)	Adiós, hija.

(La novia contesta con la mano.)

Padre	Yo salgo con vosotros.

(Salen.)

Criada	Que reviento por ver los regalos.
Novia (Agria.)	Quita.
Criada	¡Ay, niña, enséñamelos!

Novia	No quiero.
Criada	Siquiera las medias. Dicen que todas son caladas. ¡Mujer!
Novia	¡Ea. que no!
Criada	Por Dios. Está bien. Parece como si no tuvieras ganas de casarte.
Novia	(Mordiéndose la mano con rabia.) ¡Ay!
Criada	Niña, hija, ¿qué te pasa? ¿Sientes dejar tu vida de reina? No pienses en cosas agrias. ¿Tienes motivo? Ninguno. Vamos a ver los regalos.

(Coge la caja.)

Novia	(Cogiéndola de las muñecas.) Suelta.
Criada	¡Ay, mujer!
Novia	Suelta he dicho.
Criada	Tienes más fuerza que un hombre.
Novia	¿No he hecho yo trabajos de hombre? ¡Ojalá fuera!
Criada	¡No hables así!
Novia	Calla he dicho. Hablemos de otro asunto.

(La luz va desapareciendo de la escena. Pausa larga.)

Criada ¿Sentiste anoche un caballo?

Novia ¿A qué hora?

Criada A las tres.

Novia Sería un caballo suelto de la manada.

Criada No. Llevaba jinete.

Novia ¿Por qué lo sabes?

Criada Porque lo vi. Estuvo parado en tu ventana. Me chocó mucho.

Novia ¿No sería mi novio? Algunas veces ha pasado a esas horas.

Criada No.

Novia ¿Tú le viste?

Criada Sí.

Novia ¿Quién era?

Criada Era Leonardo.

Novia (Fuerte.) ¡Mentira! ¡Mentira! ¿A qué viene aquí?

Criada Vino.

Novia ¡Cállate! ¡Maldita sea tu lengua!

(Se siente el ruido de un caballo.)

Criada (En la ventana.) Mira, asómate. ¿Era?

Novia ¡Era!

Telón rápido

Acto segundo

Cuadro primero

Zaguán de casa de la novia. Portón al fondo. Es de noche. La novia sale con enaguas blancas encañonadas, llenas de encajes y puntas bordadas, y un corpiño blanco, con los brazos al aire. La criada lo mismo.

Criada — Aquí te acabaré de peinar.

Novia — No se puede estar ahí dentro, del calor.

Criada — En estas tierras no refresca ni al amanecer.

(Se sienta la novia en una silla baja y se mira en un espejito de mano. La criada la peina.)

Novia — Mi madre era de un sitio donde había muchos árboles. De tierra rica.

Criada — ¡Así era ella de alegre!

Novia — Pero se consumió aquí.

Criada — El sino.

Novia — Como nos consumimos todas. Echan fuego las paredes. ¡Ay!, no tires demasiado.

Criada — Es para arreglarte mejor esta onda. Quiero que te caiga sobre la frente. (La novia se mira en el espejo.) ¡Qué hermosa estás! ¡Ay!

(La besa apasionadamente.)

Novia (Seria.) Sigue peinándome.

Criada (Peinándola.) ¡Dichosa tú que vas a abrazar a un hombre, que lo vas a besar, que vas a sentir su peso!

Novia Calla.

Criada Y lo mejor es cuando te despiertes y lo sientas al lado y que él te roza los hombros con su aliento, como con una plumilla de ruiseñor.

Novia (Fuerte.) ¿Te quieres callar?

Criada ¡Pero, niña! Una boda, ¿qué es? Una boda es esto y nada más. ¿Son los dulces? ¿Son los ramos de flores? No. Es una cama relumbrante y un hombre y una mujer.

Novia No se debe decir.

Criada Eso es otra cosa. ¡Pero es bien alegre!

Novia O bien amargo.

Criada El azahar te lo voy a poner desde aquí hasta aquí, de modo que la corona luzca sobre el peinado.

(Le prueba un ramo de azahar.)

Novia (Se mira en el espejo.) Trae.

(Coge el azahar y lo mira y deja caer la cabeza abatida.)

Criada ¿Qué es esto?

Novia Déjame.

Criada No son horas de ponerse triste. (Animosa.) Trae el azahar. (La novia tira el azahar.) ¡Niña! Qué castigo pides tirando al suelo la corona? ¡Levanta esa frente! ¿Es que no te quieres casar? Dilo. Todavía te puedes arrepentir.

(Se levanta.)

Novia Son nublos. Un mal aire en el centro, ¿quién no lo tiene?

Criada Tú quieres a tu novio.

Novia Lo quiero.

Criada Sí, sí, estoy segura.

Novia Pero este es un paso muy grande.

Criada Hay que darlo.

Novia Ya me he comprometido.

Criada Te voy a poner la corona.

Novia (Se sienta.) Date prisa, que ya deben ir llegando.

Criada Ya llevarán lo menos dos horas de camino.

Novia ¿Cuánto hay de aquí a la iglesia?

Criada Cinco leguas por el arroyo, que por el camino hay el doble.

(La novia se levanta y la criada se entusiasma al verla.)

Despierte la novia
la mañana de la boda.
¡Que los ríos del mundo
lleven tu corona!

Novia (Sonriente.) Vamos.

Criada (La besa entusiasmada y baila alrededor.)
Que despierte
con el ramo verde
del laurel florido.
¡Que despierte
por el tronco y la rama
de los laureles!

(Se oyen unos aldabonazos.)

Novia ¡Abre! Deben ser los primeros convidados.

(Entra.)

(La criada abre sorprendida.)

Criada	¿Tú?
Leonardo	Yo. Buenos días.
Criada	¡El primero!
Leonardo	¿No me han convidado?
Criada	Sí.
Leonardo	Por eso vengo.
Criada	¿Y tu mujer?
Leonardo	Yo vine a caballo. Ella se acerca por el camino.
Criada	¿No te has encontrado a nadie?
Leonardo	Los pasé con el caballo.
Criada	Vas a matar al animal con tanta carrera.
Leonardo	¡Cuando se muera, muerto está!

(Pausa.)

Criada	Siéntate. Todavía no se ha levantado nadie.

Leonardo	¿Y la novia?
Criada	Ahora mismo la voy a vestir.
Leonardo	¡La novia! ¡Estará contenta!
Criada	(Variando la conversación.) ¿Y el niño?
Leonardo	¿Cuál?
Criada	Tu hijo.
Leonardo	(Recordando como soñoliento.) ¡Ah!
Criada	¿Lo traen?
Leonardo	No.

(Pausa. Voces cantando muy lejos.)

Voces	¡Despierte la novia la mañana de la boda!
Leonardo	Despierte la novia la mañana de la boda.
Criada	Es la gente. Vienen lejos todavía.
Leonardo	(Levantándose.) La novia llevará una corona grande, ¿no? No debía ser tan grande. Un poco más pequeña le sentaría mejor. ¿Y trajo

ya el novio el azahar que se tiene que poner en el pecho?

Novia (Apareciendo todavía en enaguas y con la corona de azahar puesta.) Lo trajo.

Criada (Fuerte.) No salgas así.

Novia ¿Qué más da? (Seria.) ¿Por qué preguntas si trajeron el azahar? ¿Llevas intención?

Leonardo Ninguna. ¿Qué intención iba a tener? (Acercándose.) Tú, que me conoces, sabes que no la llevo. Dímelo. ¿Quién he sido yo para ti? Abre y refresca tu recuerdo. Pero dos bueyes y una mala choza son casi nada. Esa es la espina.

Novia ¿A qué vienes?

Leonardo A ver tu casamiento.

Novia ¡También yo vi el tuyo!

Leonardo Amarrado por ti, hecho con tus dos manos. A mí me pueden matar, pero no me pueden escupir. Y la plata, que brilla tanto, escupe algunas veces.

Novia ¡Mentira!

Leonardo — No quiero hablar, porque soy hombre de sangre, y no quiero que todos estos cerros oigan mis voces.

Novia — Las mías serían más fuertes.

Criada — Estas palabras no pueden seguir. Tú no tienes que hablar de lo pasado.

(La criada mira a las puertas presa de inquietud.)

Novia — Tienes razón. Yo no debo hablarte siquiera. Pero se me calienta el alma de que vengas a verme y atisbar mi boda y preguntes con intención por el azahar. Vete y espera a tu mujer en la puerta.

Leonardo — ¿Es que tú y yo no podemos hablar?

Criada (Con rabia.) — No; no podéis hablar.

Leonardo — Después de mi casamiento he pensado noche y día de quién era la culpa, y cada vez que pienso sale una culpa nueva que se come a la otra; pero ¡siempre hay culpa!

Novia — Un hombre con su caballo sabe mucho y puede mucho para poder estrujar a una muchacha metida en un desierto. Pero yo tengo orgullo. Por eso me caso. Y me encerraré con mi marido, a quien tengo que querer por encima de todo.

Leonardo El orgullo no te servirá de nada.

(Se acerca.)

Novia ¡No te acerques!

Leonardo Callar y quemarse es el castigo más grande que nos podemos echar encima. ¿De qué me sirvió a mí el orgullo y el no mirarte y el dejarte despierta noches y noches? ¡De nada! ¡Sirvió para echarme fuego encima! Porque tú crees que el tiempo cura y que las paredes tapan, y no es verdad, no es verdad. ¡Cuando las cosas llegan a los centros, no hay quien las arranque!

Novia (Temblando.) No puedo oírte. No puedo oír tu voz. Es como si me bebiera una botella de anís y me durmiera en una colcha de rosas. Y me arrastra y sé que me ahogo, pero voy detrás.

Criada (Cogiendo a Leonardo por las solapas.) ¡Debes irte ahora mismo!

Leonardo Es la última vez que voy a hablar con ella. No temas nada.

Novia Y sé que estoy loca y sé que tengo el pecho podrido de aguantar, y aquí estoy quieta por oírlo, por verlo menear los brazos.

Leonardo — No me quedo tranquilo si no te digo estas cosas. Yo me casé. Cásate tú ahora.

Criada
(A Leonardo.) — ¡Y se casa!

Voces — (Cantando más cerca.)
Despierte la novia
la mañana de la boda.

Novia — ¡Despierte la novia!

(Sale corriendo a su cuarto.)

Criada
(A Leonardo.) — Ya está aquí la gente.
No te vuelvas a acercar a ella.

Leonardo — Descuida.

(Sale por la izquierda.)

(Empieza a clarear el día.)

Muchacha 1 — (Entrando.)
Despierte la novia
la mañana de la boda;
ruede la ronda
y en cada balcón una corona.

Voces — ¡Despierte la novia!

Criada — (Moviendo algazara.)
Que despierte

con el ramo verde
del amor florido.
¡Que despierte
por el tronco y la rama
de los laureles!

Muchacha 2 (Entrando.)
Que despierte
con el largo pelo,
camisa de nieve,
botas de charol y plata
y jazmines en la frente.

Criada ¡Ay pastora,
que la Luna asoma!

Muchacha 1 ¡Ay galán,
deja tu sombrero por el olivar!

Mozo 1 (Entrando con el sombrero en alto.)
Despierte la novia.
que por los campos viene
rondando la boda,
con bandejas de dalias
y panes de gloria.

Voces ¡Despierte la novia!

Muchacha 2 La novia
se ha puesto su blanca corona,
y el novio
se la prende con lazos de oro.

Criada — Por el toronjil
la novia no puede dormir.

Muchacha 3 — (Entrando.)
Por el naranjel
el novio le ofrece cuchara y mantel.

(Entran tres convidados.)

Mozo 1 — ¡Despierta paloma!
El alba despeja
campanas de sombra.

Convidado — La novia, la blanca novia,
hoy doncella,
mañana señora.

Muchacha 1 — Baja, morena,
arrastrando tu cola de seda.

Convidado — Baja, morenita.
que llueve rocío la mañana fría.

Mozo 1 — Despertad, señora, despertad,
porque viene el aire lloviendo azahar.

Criada — Un árbol quiero bordarle
lleno de cintas granates
y en cada cinta un amor
con vivas alrededor.

Voces — Despierte la novia.

Mozo 1	¡La mañana de la boda!
Convidado	La mañana de la boda qué galana vas a estar, pareces, flor de los montes, la mujer de un capitán.
Padre (Entrando.)	La mujer de un capitán se lleva el novio. ¡Ya viene con sus bueyes por el tesoro!
Muchacha 3	El novio parece la flor del oro. Cuando camina, a sus plantas se agrupan las clavellinas.
Criada	¡Ay mi niña dichosa!
Mozo 2	Que despierte la novia.
Criada	¡Ay mi galana!
Muchacha 1	La boda está llamando por las ventanas.
Muchacha 2	Que salga la novia.
Muchacha 1	¡Que salga, que salga!
Criada	¡Que toquen y repiquen las campanas!
Mozo 1	¡Que viene aquí! ¡Que sale ya!

Criada	¡Como un toro, la boda levantándose está!

(Aparece la novia. Lleva un traje negro mil novecientos, con caderas y larga cola rodeada de gasas plisadas y encajes duros. Sobre el peinado de visera lleva la corona de azahar. Suenan las guitarras. Las Muchachas besan a la novia.)

Muchacha 3	¿Qué esencia te echaste en el pelo?
Novia (Riendo.)	Ninguna.
Muchacha 2	(Mirando el traje.) La tela es de lo que no hay.
Mozo 1	¡Aquí está el novio!
Novio	¡Salud!
Muchacha 1	(Poniéndole una flor en la oreja.) El novio parece la flor del oro.
Muchacha 2	¡Aires de sosiego le manan los ojos!

(El novio se dirige al lado de la novia.)

Novia	¿Por qué te pusiste esos zapatos?
Novio	Son más alegres que los negros.

Mujer de Leonardo (Entrando y besando a la novia.) ¡Salud!

(Hablan todas con algazara.)

Leonardo (Entrando como quien cumple un deber.)
La mañana de casada
la corona te ponemos.

Mujer ¡Para que el campo se alegre
con el agua de tu pelo!

Madre (Al padre.) ¿También están ésos aquí?

Padre Son familia. ¡Hoy es día de perdones!

Madre Me aguanto, pero no perdono.

Novio ¡Con la corona da alegría mirarte!

Novia ¡Vámonos pronto a la iglesia!

Novio ¿Tienes prisa?

Novia Sí. Estoy deseando ser tu mujer y quedarme sola contigo, y no oír más voz que la tuya.

Novio ¡Eso quiero yo!

Novia Y no ver más que tus ojos. Y que me abrazaras tan fuerte, que aunque me llamara mi madre, que está muerta, no me pudiera despegar de ti.

Novio — Yo tengo fuerza en los brazos. Te voy a abrazar cuarenta años seguidos.

Novia — (Dramática, cogiéndole del brazo.) ¡Siempre!

Padre — ¡Vamos pronto! ¡A coger las caballerías y los carros! Que ya ha salido el Sol.

Madre — ¡Que llevéis cuidado! No sea que tengamos mala hora.

(Se abre el gran portón del fondo. Empiezan a salir.)

Criada (Llorando.) — Al salir de tu casa,
blanca doncella,
acuérdate que sales
como una estrella...

Muchacha 1 — Limpia de cuerpo y ropa
al salir de tu casa para la boda.

(Van saliendo.)

Muchacha 2 — ¡Ya sales de tu casa
para la iglesia!

Criada — ¡El aire pone flores
por las arenas!

Muchacha 3 — ¡Ay la blanca niña!

Criada — Aire oscuro el encaje

de su mantilla.

(Salen. Se oyen guitarras, palillos y panderetas. Quedan solos Leonardo y su mujer.)

Mujer — Vamos.

Leonardo — ¿Adónde?

Mujer — A la iglesia. Pero no vas en el caballo. Vienes conmigo.

Leonardo — ¿En el carro?

Mujer — ¿Hay otra cosa?

Leonardo — Yo no soy hombre para ir en carro.

Mujer — Y yo no soy mujer para ir sin su marido a un casamiento. ¡Que no puedo más!

Leonardo — ¡Ni yo tampoco!

Mujer — ¿Por qué me miras así? Tienes una espina en cada ojo.

Leonardo — ¡Vamos!

Mujer — No sé lo que pasa. Pero pienso y no quiero pensar. Una cosa sé. Yo ya estoy despachada. Pero tengo un hijo. Y otro que viene. Vamos andando. El mismo sino tuvo mi madre. Pero de aquí no me muevo.

(Voces fuera.)

Voces ¡Al salir de tu casa
para la iglesia,
acuérdate que sales
como una estrella!

Mujer (Llorando.) ¡Acuérdate que sales
como una estrella!
Así salí yo de mi casa también.
Que me cabía todo el campo en la boca.

Leonardo (Levantándose.) Vamos.

Mujer ¡Pero conmigo!

Leonardo Sí. (Pausa.) ¡Echa a andar!

(Salen.)

Voces Al salir de tu casa
para la iglesia,
acuérdate que sales
como una estrella.

Telón lento

Cuadro segundo

Exterior de la cueva de la novia. Entonación en blancos grises y azules fríos. Grandes chumberas. Tonos sombríos y plateados. Panorama de mesetas color barquillo, todo endurecido como paisaje de cerámica popular.

Criada (Arreglando en una mesa copas y bandejas.)
Giraba,
giraba la rueda
y el agua pasaba,
porque llega la boda,
que se aparten las ramas
y la Luna se adorne
por su blanca baranda.
(En voz alta.) ¡Pon los manteles!
(En voz patética.) Cantaban.
cantaban los novios
y el agua pasaba,
porque llega la boda,
que relumbre la escarcha
y se llenen de miel
las almendras amargas.
(En voz alta.) ¡Prepara el vino!
(En voz patética.) Galana.
galana de la tierra.
mira cómo el agua pasa.
Porque llega tu boda
recógete las faldas
y bajo el ala del novio
nunca salgas de tu casa.
Porque el novio es un palomo
con todo el pecho de brasa
y espera el campo el rumor
de la sangre derramada.
Giraba,
giraba la rueda

y el agua pasaba.
¡Porque llega tu boda,
deja que relumbre el agua!

Madre (Entrando.) ¡Por fin!

Padre ¿Somos los primeros?

Criada No. Hace rato llegó Leonardo con su mujer. Corrieron como demonios. La mujer llegó muerta de miedo. Hicieron el camino como si hubieran venido a caballo.

Padre Ese busca la desgracia. No tiene buena sangre.

Madre ¿Qué sangre va a tener? La de toda su familia. Mana de su bisabuelo, que empezó matando, y sigue en toda la mala ralea, manejadores de cuchillos y gente de falsa sonrisa.

Padre ¡Vamos a dejarlo!

Criada ¿Cómo lo va a dejar?

Madre Me duele hasta la punta de las venas. En la frente de todos ellos yo no veo más que la mano con que mataron a lo que era mío. ¿Tú me ves a mí? ¿No te parezco loca? Pues es loca de no haber gritado todo lo que mi pecho necesita. Tengo en mi pecho un grito siempre puesto de pie a quien tengo que castigar y meter entre los mantos. Pero me llevan a los muertos y hay que callar. Luego la gente critica.

(Se quita el manto.)

Padre — Hoy no es día de que te acuerdes de esas cosas.

Madre — Cuando sale la conversación, tengo que hablar. Y hoy más. Porque hoy me quedo sola en mi casa.

Padre — En espera de estar acompañada.

Madre — Esa es mi ilusión: los nietos.

(Se sientan.)

Padre — Yo quiero que tengan muchos. Esta tierra necesita brazos que no sean pagados. Hay que sostener una batalla con las malas hierbas, con los cardos, con los pedruscos que salen no se sabe dónde. Y estos brazos tienen que ser de los dueños, que castiguen y que dominen, que hagan brotar las simientes. Se necesitan muchos hijos.

Madre — ¡Y alguna hija! ¡Los varones son del viento! Tienen por fuerza que manejar armas. Las niñas no salen jamás a la calle.

Padre (Alegre.) — Yo creo que tendrán de todo.

Madre	Mi hijo la cubrirá bien. Es de buena simiente. Su padre pudo haber tenido conmigo muchos hijos.
Padre	Lo que yo quisiera es que esto fuera cosa de un día. Que en seguida tuvieran dos o tres hombres.
Madre	Pero no es así. Se tarda mucho. Por eso es tan terrible ver la sangre de una derramada por el suelo. Una fuente que corre un minuto y a nosotros nos ha costado años. Cuando yo llegué a ver a mi hijo, estaba tumbado en mitad de la calle. Me mojé las manos de sangre y me las lamí con la lengua. Porque era mía. Tú no sabes lo que es eso. En una custodia de cristal y topacios pondría yo la tierra empapada por ella.
Padre	Ahora tienes que esperar. Mi hija es ancha y tu hijo es fuerte.
Madre	Así espero.

(Se levantan.)

Padre	Prepara las bandejas de trigo.
Criada	Están preparadas.
Mujer de Leonardo	(Entrando.) ¡Que sea para bien!

Madre Gracias.

Leonardo ¿Va a haber fiesta?

Padre Poca. La gente no puede entretenerse.

Padre ¡Ya están aquí!

(Van entrando invitados en alegres grupos. Entran los novios cogidos del brazo. Sale Leonardo.)

Novio En ninguna boda se vio tanta gente.

Novia (Sombría.) En ninguna.

Padre Fue lucida.

Madre Ramas enteras de familias han venido.

Novio Gente que no salía de su casa.

Madre Tu padre sembró mucho y ahora lo recoges tú.

Novio Hubo primos míos que yo ya no conocía.

Madre Toda la gente de la costa.

Novio (Alegre.) Se espantaban de los caballos.

(Hablan.)

Madre (A la novia.) ¿Qué piensas?

Novia	No pienso en nada.
Madre	Las bendiciones pesan mucho.

(Se oyen guitarras.)

Novia	Como el plomo.
Madre (Fuerte.)	Pero no han de pesar. Ligera como paloma debes ser.
Novia	¿Se queda usted aquí esta noche?
Madre	No. Mi casa está sola.
Novia	¡Debía usted quedarse!
Padre (A la madre.)	Mira el baile que tienen formado. Bailes de allá de la orilla del mar.

(Sale Leonardo y se sienta. Su mujer, detrás de él en actitud rígida.)

Madre	Son los primos de mi marido. Duros como piedras para la danza.
Padre	Me alegra el verlos. ¡Qué cambio para esta casa!

(Se va.)

Novio (A la novia.)	¿Te gustó el azahar?

Novia	(Mirándole fija.) Sí.
Novio	Es todo de cera. Dura siempre. Me hubiera gustado que llevaras en todo el vestido.
Novia	No hace falta.

(Mutis Leonardo por la derecha.)

Muchacha 1	Vamos a quitarle los alfileres.
Novia (Al novio.)	Ahora vuelvo.
Mujer	¡Que seas feliz con mi prima!
Novio	Tengo seguridad.
Mujer	Aquí los dos; sin salir nunca y a levantar la casa. ¡Ojalá yo viviera también así de lejos!
Novio	¿Por qué no compráis tierras? El monte es barato y los hijos se crían mejor.
Mujer	No tenemos dinero. ¡Y con el camino que llevamos!
Novio	Tu marido es un buen trabajador.
Mujer	Sí, pero le gusta volar demasiado. Ir de una cosa a otra. No es hombre tranquilo.

Criada ¿No tomáis nada? Te voy a envolver unos roscos de vino para tu madre, que a ella le gustan mucho.

Novio Ponle tres docenas.

Mujer No, no. Con media tiene bastante.

Novio Un día es un día.

Mujer (A la criada.) ¿Y Leonardo?

Criada No lo vi.

Novio Debe estar con la gente.

Mujer ¡Voy a ver!

(Se va.)

Criada Aquello está hermoso.

Novio ¿Y tú no bailas?

Criada No hay quien me saque.

(Pasan al fondo dos muchachas, durante todo este acto, el fondo será un animado cruce de figuras.)

Novio (Alegre.) Eso se llama no entender. Las viejas frescas como tú bailan mejor que las jóvenes.

Criada — Pero ¿vas a echarme requiebros, niño? ¡Qué familia la tuya! ¡Machos entre los machos! Siendo niña vi la boda de tu abuelo. ¡Qué figura! Parecía como si se casara un monte.

Novio — Yo tengo menos estatura.

Criada — Pero el mismo brillo en los ojos.
¿Y la niña?

Novio — Quitándose la toca.

Criada — ¡Ah! Mira. Para la medianoche, como no dormiréis, os he preparado jamón y unas copas grandes de vino antiguo. En la parte baja de la alacena. Por si lo necesitáis.

Novio (Sonriente.) — No como a medianoche.

Criada (Con malicia.) — Si tú no, la novia.

(Se va.)

Mozo 1 (Entrando.) — ¡Tienes que beber con nosotros!

Novio — Estoy esperando a la novia.

Mozo 2 — ¡Ya la tendrás en la madrugada!

Mozo 1 — ¡Que es cuando más gusta!

Mozo 2 — Un momento.

Novio Vamos.

(Salen. Se oye gran algazara. Sale la novia. Por el lado opuesto salen dos muchachas corriendo a encontrarla.)

Muchacha 1 ¿A quién diste el primer alfiler, a mí o a esta?

Novia No me acuerdo.

Muchacha 1 A mí me lo diste aquí.

Muchacha 2 A mí delante del altar.

Novia (Inquieta y con una gran lucha interior.) No sé nada.

Muchacha 1 Es que yo quisiera que tú...

Novia (Interrumpiendo.) Ni me importa. Tengo mucho que pensar.

Muchacha 2 Perdona.

(Leonardo cruza el fondo.)

Novia (Ve a Leonardo.) Y estos momentos son agitados.

Muchacha 1 ¡Nosotras no sabemos nada!

Novia — Ya lo sabréis cuando os llegue la hora. Estos pasos son pasos que cuestan mucho.

Muchacha 1 — ¿Te ha disgustado?

Novia — No. Perdonad vosotras.

Muchacha 2 — ¿De qué? Pero los dos alfileres sirven para casarse, ¿verdad?

Novia — Los dos.

Muchacha 1 — Ahora, que una se casa antes que otra.

Novia — ¿Tantas ganas tenéis?

Muchacha 2 — (Vergonzosa.) Sí.

Novia — ¿Para qué?

Muchacha 1 — Pues...

(Abrazando a la segunda.)

(Echan a correr las dos. Llega el novio y, muy despacio, abraza a la novia por detrás.)

Novia — (Con gran sobresalto.) ¡Quita!

Novio — ¿Te asustas de mí?

Novia — ¡Ay! ¿Eras tú?

Novio	¿Quién iba a ser? (Pausa.) Tu padre o yo.
Novia	¡Es verdad!
Novio	Ahora que tu padre te hubiera abrazado más blando.
Novia (Sombría.)	¡Claro!
Novio	Porque es viejo.

(La abraza fuertemente de un modo un poco brusco.)

Novia (Seca.)	¡Déjame!
Novio	¿Por qué?

(La deja.)

Novia	Pues... la gente. Pueden vernos.

(Vuelve a cruzar el fondo la criada, que no mira a los novios.)

Novio	¿Y qué? Ya es sagrado.
Novia	Sí. pero déjame... Luego.
Novio	¿Qué tienes? ¡Estás como asustada!
Novia	No tengo nada. No te vayas.

(Sale la mujer de Leonardo.)

Mujer	No quiero interrumpir...
Novio	Dime.
Mujer	¿Pasó por aquí mi marido?
Novio	No.
Mujer	Es que no le encuentro y el caballo no está tampoco en el establo.
Novio (Alegre.)	Debe estar dándole una carrera.

(Se va la mujer, inquieta. Sale la criada.)

Criada	¿No andáis satisfechos de tanto saludo?
Novio	Yo estoy deseando que esto acabe. La novia está un poco cansada.
Criada	¿Qué es eso. niña?
Novia	¡Tengo como un golpe en las sienes!
Criada	Una novia de estos montes debe ser fuerte. (Al novio.) Tú eres el único que la puedes curar, porque tuya es.

(Sale corriendo.)

Novio (Abrazándola.)	Vamos un rato al baile.

(La besa.)

Novia (Angustiada.) No. Quisiera echarme en la cama un poco.

Novio — Yo te haré compañía.

Novia — ¡Nunca! ¿Con toda la gente aquí? ¿Qué dirían? Déjame sosegar un momento.

Novio — ¡Lo que quieras! ¡Pero no estés así por la noche!

Novia (En la puerta.) — A la noche estaré mejor.

Novio — ¡Que es lo que yo quiero!

(Aparece la madre.)

Madre — Hijo.

Novio — ¿Dónde anda usted?

Madre — En todo ese ruido. ¿Estás contento?

Novio — Sí.

Madre — ¿Y tu mujer?

Novio — Descansa un poco. ¡Mal día para las novias!

Madre ¿Mal día? El único bueno. Para mí fue como una herencia. (Entra la criada y se dirige al cuarto de la novia.) Es la roturación de las tierras, la plantación de árboles nuevos.

Novio ¿Usted se va a ir?

Madre Sí. Yo tengo que estar en mi casa.

Novio Sola.

Madre Sola, no. Que tengo la cabeza llena de cosas y de hombres y de luchas.

Novio Pero luchas que ya no son luchas.

(Sale la criada rápidamente; desaparece corriendo por el fondo.)

Madre Mientras una vive, lucha.

Novio ¡Siempre la obedezco!

Madre Con tu mujer procura estar cariñoso, y si la notas infautada o arisca, hazle una caricia que le produzca un poco de daño, un abrazo fuerte, un mordisco y luego un beso suave. Que ella no pueda disgustarse, pero que sienta que tú eres el macho, el amo, el que mandas. Así aprendí de tu padre. Y como no lo tienes, tengo que ser yo la que te enseñe estas fortalezas.

Novio Yo siempre haré lo que usted mande.

Padre (Entrando.) ¿Y mi hija?

Novio Está dentro.

Muchacha 1 ¡Vengan los novios, que vamos a bailar la rueda!

Mozo 1 (Al novio.) Tú la vas a dirigir

Padre (Saliendo.) ¡Aquí no está!

Novio ¿No?

Padre Debe haber subido a la baranda.

Novio ¡Voy a ver!

(Entra.)

(Se oye algazara y guitarras.)

Muchacha 1 ¡Ya ha empezado!

(Sale.)

Novio (Saliendo.) No está.

Madre (Inquieta.) ¿No?

Padre ¿Y adónde puede haber ido?

Criada (Entrando.) Y la niña. ¿donde está?

Madre (Seria.)	No lo sabemos.

(Sale el novio. Entran tres invitados.)

Padre (Dramático.)	Pero ¿no está en el baile?
Criada	En el baile no está.
Padre (Con arranque.)	Hay mucha gente. ¡Mirad!
Criada	¡Ya he mirado!
Padre (Trágico.)	¿Pues dónde está?
Novio (Entrando.)	Nada. En ningún sitio.
Madre (Al padre.)	¿Qué es esto? ¿Dónde está tu hija?

(Entra la mujer de Leonardo.)

Mujer	¡Han huido! ¡Han huido! Ella y Leonardo. En el caballo. Van abrazados, como una exhalación.
Padre	¡No es verdad! ¡Mi hija. no!
Madre	¡Tu hija, sí! Planta de mala madre, y él, él también, él. Pero ¡ya es la mujer de mi hijo!
Novio (Entrando.)	¡Vamos detrás! ¿Quién tiene un caballo?

Madre	¿Quién tiene un caballo ahora mismo, quién tiene un caballo? Que le daré todo lo que tengo, mis ojos y hasta mi lengua...
Voz	Aquí hay uno.
Madre (Al hijo.)	¡Anda! ¡Detrás! (Salen con dos mozos.) No. No vayas. Esa gente mata pronto y bien...; pero sí, corre, y yo detrás!
Padre	No será ella. Quizá se haya tirado al aljibe.
Madre	Al agua se tiran las honradas, las limpias; ¡esa, no! Pero ya es mujer de mi hijo. Dos bandos. Aquí hay ya dos bandos. (Entran todos.) Mi familia y la tuya. Salid todos de aquí. Limpiarse el polvo de los zapatos. Vamos a ayudar a mi hijo. (La gente se separa en dos grupos.) Porque tiene gente; que son: sus primos del mar y todos los que llegan de tierra adentro. ¡Fuera de aquí! Por todos los caminos. Ha llegado otra vez la hora de la sangre. Dos bandos. Tú con el tuyo y yo con el mío. ¡Atrás! ¡Atrás!
	Telón

Acto tercero

Cuadro primero

Bosque. Es de noche. Grandes troncos húmedos. Ambiente oscuro. Se oyen dos violines. Salen tres leñadores.

Leñador 1 ¿Y los han encontrado?

Leñador 2 No. Pero los buscan por todas partes.

Leñador 3 Ya darán con ellos.

Leñador 2 ¡Chisss!

Leñador 3 ¿Qué?

Leñador 2 Parece que se acercan por todos los caminos a la vez.

Leñador 1 Cuando salga la Luna los verán.

Leñador 2 Debían dejarlos.

Leñador 1 El mundo es grande. Todos pueden vivir de él.

Leñador 3 Pero los matarán.

Leñador 2 Hay que seguir la inclinación: han hecho bien en huir.

Leñador 1	Se estaban engañando uno a otro y al fin la sangre pudo más.
Leñador 3	¡La sangre!
Leñador 1	Hay que seguir el camino de la sangre.
Leñador 2	Pero sangre que ve la luz se la bebe la tierra.
Leñador 1	¿Y qué? Vale más ser muerto desangrado que vivo con ella podrida.
Leñador 3	Callar.
Leñador 1	¿Qué? ¿Oyes algo?
Leñador 3	Oigo los grillos, las ranas, el acecho de la noche.
Leñador 1	Pero el caballo no se siente.
Leñador 3	No
Leñador 1	Ahora la estará queriendo.
Leñador 2	El cuerpo de ella era para él y el cuerpo de él para ella.
Leñador 3	Los buscan y los matarán.

Leñador 1 — Pero ya habrán mezclado sus sangres y serán como dos cántaros vacíos, como dos arroyos secos.

Leñador 2 — Hay muchas nubes y será fácil que la Luna no salga.

Leñador 3 — El novio los encontrará con Luna o sin Luna. Yo lo vi salir. Como una estrella furiosa. La cara color ceniza. Expresaba el sino de su casta.

Leñador 1 — Su casta de muertos en mitad de la calle.

Leñador 2 — ¡Eso es!

Leñador 3 — ¿Crees que ellos lograrán romper el cerco?

Leñador 2 — Es difícil. Hay cuchillos y escopetas a diez leguas a la redonda.

Leñador 3 — Él lleva buen caballo.

Leñador 2 — Pero lleva una mujer.

Leñador 1 — Ya estamos cerca.

Leñador 2 — Un árbol de cuarenta ramas. Lo cortaremos pronto.

Leñador 3 — Ahora sale la Luna. Vamos a darnos prisa.

(Por la izquierda surge una claridad.)

Leñador 1 — ¡Ay Luna que sales!
Luna de las hojas grandes.

Leñador 2 — ¡Llena de jazmines de sangre!

Leñador 1 — ¡Ay Luna sola!
¡Luna de las verdes hojas!

Leñador 2 — Plata en la cara de la novia.

Leñador 3 — ¡Ay Luna mala!
Deja para el amor la oscura rama.

Leñador 1 — ¡Ay triste Luna!
¡Deja para el amor la rama oscura!

(Salen. Por la claridad de la izquierda aparece la Luna. La Luna es un leñador joven, con la cara blanca. La escena adquiere un vivo resplandor azul.)

Luna — Cisne redondo en el río,
ojo de las catedrales,
alba fingida en las hojas
soy; ¡no podrán escaparse!
¿Quién se oculta? ¿Quién solloza
por la maleza del valle?
La Luna deja un cuchillo
abandonado en el aire,
que siendo acecho de plomo
quiere ser dolor de sangre.
¡Dejadme entrar! ¡Vengo helada
por paredes y cristales!

¡Abrid tejados y pechos
donde pueda calentarme!
¡Tengo frío! Mis cenizas
de soñolientos metales
buscan la cresta del fuego
por los montes y las calles.
Pero me lleva la nieve
sobre su espalda de jaspe,
y me anega, dura y fría,
el agua de los estanques.
Pues esta noche tendrán
mis mejillas roja sangre,
y los juncos agrupados
en los anchos pies del aire.
¡No haya sombra ni emboscada.
que no puedan escaparse!
¡Que quiero entrar en un pecho
para poder calentarme!
¡Un corazón para mí!
¡Caliente!, que se derrame
por los montes de mi pecho;
(A las ramas.) dejadme entrar, ¡ay, dejadme!
No quiero sombras. Mis rayos
han de entrar en todas partes,
y haya en los troncos oscuros
un rumor de claridades,
para que esta noche tengan
mis mejillas dulce sangre,
y los juncos agrupados
en los anchos pies del aire.
¿Quién se oculta? ¡Afuera digo!
¡No! ¡No podrán escaparse!
Yo haré lucir al caballo

una fiebre de diamante.

(Desaparece entre los troncos y vuelve la escena a su luz oscura. Sale una anciana totalmente cubierta por tenues paños verdeoscuros. Lleva los pies descalzos. Apenas si se le verá el rostro entre los pliegues. Este personaje no figura en el reparto.)

Mendiga

Esa Luna se va, y ellos se acercan.
De aquí no pasan. El rumor del río
apagará con el rumor de troncos
el desgarrado vuelo de los gritos.
Aquí ha de ser, y pronto. Estoy cansada.
Abren los cofres, y los blancos hilos
aguardan por el suelo de la alcoba
cuerpos pesados con el cuello herido.
No se despierte un pájaro y la brisa,
recogiendo en su falda los gemidos,
huya con ellos por las negras copas
o los entierre por el blanco limo.

(Impaciente.) ¡Esa Luna, esa Luna!
¡Esa Luna, esa Luna!

(Aparece la Luna. Vuelve la luz intensa.)

Luna

Ya se acercan.
Unos por la cañada y otros por el río.
Voy a alumbrar las piedras. ¿Qué necesitas?

Mendiga

Nada.

Luna

El aire va llegando duro, con doble filo.

Mendiga	Ilumina el chaleco y aparta los botones, que después las navajas ya saben el ca- mino.
Luna	Pero que tarden mucho en morir. Que la sangre me ponga entre los dedos su delicado silbo. ¡Mira que ya mis valles de ceniza des- piertan en ansia de esta fuente de chorro estreme- cido!
Mendiga	No dejemos que pasen el arroyo. ¡Silencio!
Luna	¡Allí vienen!

(Se va. Queda la escena a oscuras.)

Mendiga	¡De prisa! Mucha luz. ¿Me has oído? ¡No pueden escaparse!

(Entran el novio y mozo 1. La mendiga se sienta y se tapa con el manto.)

Novio	Por aquí.
Mozo 1	No los encontrarás.
Novio (Enérgico.)	¡Sí los encontraré!
Mozo 1	Creo que se han ido por otra vereda.
Novio	No. Yo sentí hace un momento el galope.

Mozo 1 — Sería otro caballo.

Novio (Dramático.) — Oye. No hay más que un caballo en el mundo, y es este. ¿Te has enterado? Si me sigues, sígueme sin hablar.

Mozo 1 — Es que yo quisiera...

Novio — Calla. Estoy seguro de encontrármelos aquí. ¿Ves este brazo? Pues no es mi brazo. Es el brazo de mi hermano y el de mi padre y el de toda mi familia que está muerta. Y tiene tanto poderío, que puede arrancar este árbol de raíz si quiere. Y vamos pronto, que siento los dientes de todos los míos clavados aquí de una manera que se me hace imposible respirar tranquilo.

Mendiga — (Quejándose.) ¡Ay!

Mozo 1 — ¿Has oído?

Novio — Vete por ahí y da la vuelta.

Mozo 1 — Esto es una caza.

Novio — Una caza. La más grande que se puede hacer.

(Se va el mozo. El novio se dirige rápidamente hacia la izquierda y tropieza con la mendiga, la Muerte.)

Mendiga	¡Ay!
Novio	¿Qué quieres?
Mendiga	Tengo frío.
Novio	¿Adónde te diriges?
Mendiga	(Siempre quejándose como una mendiga.) Allá lejos...
Novio	¿De dónde vienes?
Mendiga	De allí... De muy lejos.
Novio	¿Viste un hombre y una mujer que corrían montados en un caballo?
Mendiga	(Despertándose.) Espera... (Lo mira.) Hermoso galán.
(Se levanta.)	Pero mucho más hermoso si estuviera dormido.
Novio	Dime, contesta, ¿los viste?
Mendiga	Espera... ¡Qué espaldas más anchas! ¿Cómo no te gusta estar tendido sobre ellas y no andar sobre las plantas de los pies, que son tan chicas?
Novio	(Zamarreándola.) ¡Te digo si los viste! ¿Han pasado por aquí?

Mendiga (Enérgica.) No han pasado; pero están saliendo de la colina. ¿No los oyes?

Novio No.

Mendiga ¿Tú no conoces el camino?

Novio ¡Iré, sea como sea!

Mendiga Te acompañaré. Conozco esta tierra.

Novio (Impaciente.) ¡Pero vamos! ¿Por dónde?

Mendiga (Dramática.) ¡Por allí!

(Salen rápidos. Se oyen lejanos dos violines que expresan el bosque. Vuelven los leñadores. Llevan las hachas al hombro. Pasan lentos entre los troncos.)

Leñador 1
¡Ay muerte que sales!
Muerte de las hojas grandes.

Leñador 2
¡No abras el chorro de la sangre!

Leñador 1
¡Ay muerte sola!
Muerte de las secas hojas.

Leñador 3
¡No cubras de flores la boda!

Leñador 2
¡Ay triste muerte!
Deja para el amor la rama verde.

Leñador 1 ¡Ay muerte mala!
¡Deja para el amor la verde rama!

(Van saliendo mientras hablan. Aparecen Leonardo y la novia.)

Leonardo ¡Calla!

Novia Desde aquí yo me iré sola.
¡Vete! ¡Quiero que te vuelvas!

Leonardo ¡Calla, digo!

Novia Con los dientes,
con las manos, como puedas.
quita de mi cuello honrado
el metal de esta cadena,
dejándome arrinconada
allá en mi casa de tierra.
Y si no quieres matarme
como a víbora pequeña,
pon en mis manos de novia
el cañón de la escopeta.
¡Ay, qué lamento, qué fuego
me sube por la cabeza!
¡Qué vidrios se me clavan en la lengua!

Leonardo Ya dimos el paso; ¡calla!
porque nos persiguen cerca
y te he de llevar conmigo.

Novia ¡Pero ha de ser a la fuerza!

Leonardo ¿A la fuerza? ¿Quién bajó

primero las escaleras?

Novia
Yo las bajé.

Leonardo
¿Quién le puso
al caballo bridas nuevas?

Novia
Yo misma. Verdad.

Leonardo
¿Y qué manos
me calzaron las espuelas?

Novia
Estas manos que son tuyas,
pero que al verte quisieran
quebrar las ramas azules
y el murmullo de tus venas.
¡Te quiero! ¡Te quiero! ¡Aparta!
Que si matarte pudiera,
te pondría una mortaja
con los filos de violetas.
¡Ay, qué lamento, qué fuego
me sube por la cabeza!

Leonardo
¡Qué vidrios se me clavan en la lengua!
Porque yo quise olvidar
y puse un muro de piedra
entre tu casa y la mía.
Es verdad. ¿No lo recuerdas?
Y cuando te vi de lejos
me eché en los ojos arena.
Pero montaba a caballo
y el caballo iba a tu puerta.
Con alfileres de plata

mi sangre se puso negra,
y el sueño me fue llenando
las carnes de mala hierba.
Que yo no tengo la culpa,
que la culpa es de la tierra
y de ese olor que te sale
de los pechos y las trenzas.

Novia

¡Ay que sinrazón! No quiero
contigo cama ni cena,
y no hay minuto del día
que estar contigo no quiera,
porque me arrastras y voy,
y me dices que me vuelva
y te sigo por el aire
como una brizna de hierba.
He dejado a un hombre duro
y a toda su descendencia
en la mitad de la boda
y con la corona puesta.
Para ti será el castigo
y no quiero que lo sea.
¡Déjame sola! ¡Huye tú!
No hay nadie que te defienda.

Leonardo

Pájaros de la mañana
por los árboles se quiebran.
La noche se está muriendo
en el filo de la piedra.
Vamos al rincón oscuro,
donde yo siempre te quiera,
que no me importa la gente,
ni el veneno que nos echa.

(La abraza fuertemente.)

Novia

Y yo dormiré a tus pies
para guardar lo que sueñas.
Desnuda, mirando al campo,
(Dramática.) como si fuera una perra,
¡porque eso soy! Que te miro
y tu hermosura me quema.

Leonardo

Se abrasa lumbre con lumbre.
La misma llama pequeña
mata dos espigas juntas.
¡Vamos!

(La arrastra.)

Novia

¿Adónde me llevas?

Leonardo

A donde no puedan ir
estos hombres que nos cercan.
¡Donde yo pueda mirarte!

Novia (Sarcástica.)

Llévame de feria en feria,
dolor de mujer honrada,
a que las gentes me vean
con las sábanas de boda
al aire como banderas.

Leonardo

También yo quiero dejarte
si pienso como se piensa.
Pero voy donde tú vas.
Tú también. Da un paso. Prueba.

Clavos de Luna nos funden
mi cintura y tus caderas.

(Toda esta escena es violenta, llena de gran sensualidad.)

Novia ¿Oyes?

Leonardo Viene gente.

Novia ¡Huye!
Es justo que yo aquí muera
con los pies dentro del agua,
espinas en la cabeza.
Y que me lloren las hojas.
mujer perdida y doncella.

Leonardo Cállate. Ya suben.

Novia ¡Vete!

Leonardo Silencio. Que no nos sientan.
Tú delante. ¡Vamos, digo!

(Vacila la novia.)

Novia ¡Los dos juntos!

Leonardo (Abrazándola.)
¡Como quieras!
Si nos separan, será
porque esté muerto.

Novia Y yo muerta.

(Salen abrazados. Aparece la Luna muy despacio. La escena adquiere una fuerte luz azul. Se oyen los dos violines. Bruscamente se oyen dos largos gritos desgarrados y se corta la música de los violines. Al segundo grito aparece la mendiga y queda de espaldas. Abre el manto y queda en el centro, como un gran pájaro de alas inmensas. La Luna se detiene. El telón baja en medio de un silencio absoluto.)

Telón

Cuadro segundo

Habitación blanca con arcos y gruesos muros. A la derecha y a la izquierda, escaleras blancas. Gran arco al fondo y pared del mismo color. El suelo será también de un blanco reluciente. Esta habitación simple tendrá un sentido monumental de iglesia. No habrá ni un gris, ni una sombra, ni siquiera lo preciso para la perspectiva. Dos muchachas vestidas de azul oscuro están devanando una madeja roja.

Muchacha 1 — Madeja, madeja,
¿qué quieres hacer?

Muchacha 2 — Jazmín de vestido,
cristal de papel.
Nacer a las cuatro,
morir a las diez.
Ser hilo de lana,
cadena a tus pies
y nudo que apriete
amargo laurel.

Niña (Cantando.) ¿Fuiste a la boda?

Muchacha 1 No.

Niña ¡Tampoco fui yo!
¿Qué pasaría
por los tallos de la viña?
¿Qué pasaría
por el ramo de la oliva?
¿Qué pasó
que nadie volvió?
¿Fuiste a la boda?

Muchacha 2 Hemos dicho que no.

Niña (Yéndose.) ¡Tampoco fui yo!

Muchacha 2 Madeja, madeja
¿qué quieres cantar?

Muchacha 1 Heridas de cera,
dolor de arrayán.
Dormir la mañana,
de noche velar.

Niña (En la puerta.) El hilo tropieza
con el pedernal.
Los montes azules
lo dejan pasar.
Corre, corre, corre.
y al fin llegará
a poner cuchillo
y a quitar el pan.

(Se va.)

Muchacha 2	Madeja. madeja, ¿qué quieres decir?
Muchacha 1	Amante sin habla. Novio carmesí. Por la orilla muda tendidos los vi.

(Se detiene mirando la madeja.)

Niña	(Asomándose a la puerta.) Corre, corre, corre el hilo hasta aquí. Cubiertos de barro los siento venir. ¡Cuerpos estirados, paños de marfil!

(Se va. Aparece la mujer y la suegra de Leonardo. Llegan angustiadas.)

Muchacha 1	¿Vienen ya?
Suegra (Agria.)	No sabemos.
Muchacha 2	Qué contáis de la boda?
Muchacha 1	Dime.
Suegra (Seca.)	Nada.

Mujer	Quiero volver para saberlo todo.
Suegra (Enérgica.)	Tú, a tu casa. Valiente y sola en tu casa. A envejecer y a llorar. Pero la puerta cerrada. Nunca. Ni muerto ni vivo. Clavaremos las ventanas. Y vengan lluvias y noches sobre las hierbas amargas.
Mujer	¿Qué habrá pasado?
Suegra	No importa. Échate un velo en la cara. Tus hijos son hijos tuyos nada más. Sobre la cama pon una cruz de ceniza donde estuvo su almohada.

(Salen.)

Mendiga	(A la puerta.) Un pedazo de pan, muchachas.
Niña	¡Vete!

(Las muchachas se agrupan.)

Mendiga	¿Por qué?
Niña	Porque tú gimes: vete.

Muchacha 1 ¡Niña!

Mendiga ¡Pude pedir tus ojos! Una nube
de pájaros me sigue: ¿quieres uno?

Niña ¡Yo me quiero marchar!

Muchacha 2 (A la mendiga.)
¡No le hagas caso!

Muchacha 1 ¿Vienes por el camino del arroyo?

Mendiga Por allí vine.

Muchacha 1
(Tímida.) ¿Puedo preguntarte?

Mendiga Yo los vi; pronto llegan: dos torrentes
quietos al fin entre las piedras grandes,
dos hombres en las patas del caballo.
Muertos en la hermosura de la noche.
(Con delectación.) Muertos sí, muertos.

Muchacha 1 ¡Calla, vieja, calla!

Mendiga Flores rotas los ojos, y sus dientes
dos puñados de nieve endurecida.
Los dos cayeron, y la novia vuelve
teñida en sangre falda y cabellera.
Cubiertos con dos mantas ellos vienen
sobre los hombros de los mozos altos.
Así fue; nada más. Era lo justo.

Sobre la flor del oro, sucia arena.

(Se va. Las muchachas inclinan la cabeza y rítmicamente van saliendo.)

Muchacha 1 Sucia arena.

Muchacha 2 Sobre la flor del oro.

Niña Sobre la flor del oro
traen a los novios del arroyo.
Morenito el uno,
morenito el otro.
¡Qué ruiseñor de sombra vuela y gime
sobre la flor del oro!

(Se va. Queda la escena sola. Aparece la madre con una vecina. La vecina viene llorando.)

Madre Calla.

Vecina No puedo.

Madre Calla, he dicho. (En la puerta.) ¿No hay nadie aquí? (Se lleva las manos a la frente.) Debía contestarme mi hijo. Pero mi hijo es ya un brazado de flores secas. Mi hijo es ya una voz oscura detrás de los montes. (Con rabia, a la vecina.) ¿Te quieres callar? No quiero llantos en esta casa. Vuestras lágrimas son lágrimas de los ojos nada más, y las mías vendrán cuando yo esté sola, de las plantas de los pies, de mis raíces, y serán más ardientes que la sangre.

Vecina — Vente a mi casa; no te quedes aquí.

Madre — Aquí. Aquí quiero estar. Y tranquila. Ya todos están muertos. A medianoche dormiré, dormiré sin que ya me aterren la escopeta o el cuchillo. Otras madres se asomarán a las ventanas, azotadas por la lluvia, para ver el rostro de sus hijos. Yo, no. Yo haré con mi sueño una fría paloma de marfil que lleve camelias de escarcha sobre el camposanto. Pero no; camposanto, no, camposanto, no; lecho de tierra, cama que los cobija y que los mece por el cielo. (Entra una mujer de negro que se dirige a la derecha y allí se arrodilla. A la vecina.) Quítate las manos de la cara. Hemos de pasar días terribles. No quiero ver a nadie. La tierra y yo. Mi llanto y yo. Y estas cuatro paredes. ¡Ay! ¡Ay!

(Se sienta transida.)

Vecina — Ten caridad de ti misma.

Madre — (Echándose el pelo hacia atrás.) He de estar serena.

(Se sienta.) — Porque vendrán las vecinas y no quiero que me vean tan pobre. ¡Tan pobre! Una mujer que no tiene un hijo siquiera que poderse llevar a los labios.

(Aparece la novia. Viene sin azahar y con un manto negro.)

Vecina (Viendo a la novia, con rabia.) ¿Dónde vas?

Novia Aquí vengo.

Madre (A la vecina.) ¿Quién es?

Vecina ¿No la reconoces?

Madre Por eso pregunto quién es. Porque tengo que no reconocerla, para no clavarla mis dientes en el cuello. ¡Víbora! (Se dirige hacia la novia con ademán fulminante; se detiene. A la vecina.) ¿La ves? Está ahí, y está llorando, y yo quieta, sin arrancarle los ojos. No me entiendo. ¿Será que yo no quería a mi hijo? Pero, ¿y su honra? ¿Dónde está su honra?

(Golpea a la novia. Ésta cae al suelo.)

Vecina ¡Por Dios!

(Trata de separarlas.)

Novia (A la vecina.) Déjala; he venido para que me mate y que me lleven con ellos. (A la madre.) Pero no con las manos; con garfios de alambre, con una hoz, y con fuerza, hasta que se rompa en mis huesos. ¡Déjala! Que quiero que sepa que yo soy limpia, que estaré loca, pero que me puedan enterrar sin que ningún hombre se haya mirado en la blancura de mis pechos.

Madre — Calla, calla; ¿qué me importa eso a mí?

Novia — ¡Porque yo me fui con el otro, me fui! (Con angustia.) Tú también te hubieras ido. Yo era una mujer quemada, llena de llagas por dentro y por fuera, y tu hijo era un poquito de agua de la que yo esperaba hijos, tierra, salud; pero el otro era un río oscuro, lleno de ramas, que acercaba a mí el rumor de sus juncos y su cantar entre dientes. Y yo corría con tu hijo que era como un niñito de agua, frío, y el otro me mandaba cientos de pájaros que me impedían el andar y que dejaban escarcha sobre mis heridas de pobre mujer marchita, de muchacha acariciada por el fuego. Yo no quería, ¡óyelo bien!; yo no quería, ¡óyelo bien! Yo no quería. ¡Tu hijo era mi fin y yo no lo he engañado, pero el brazo del otro me arrastró como un golpe de mar, como la cabezada de un mulo, y me hubiera arrastrado siempre, siempre, siempre, siempre, aunque hubiera sido vieja y todos los hijos de tu hijo me hubiesen agarrado de los cabellos!

(Entra una vecina.)

Madre — Ella no tiene culpa, ¡ni yo! (Sarcástica.) ¿Quién la tiene, pues? ¡Floja. Delicada, mujer de mal dormir es quien tira una corona de azahar para buscar un pedazo de cama calentado por otra mujer!

Novia ¡Calla, calla! Véngate de mí; ¡aquí estoy! Mira que mi cuello es blando; te costará menos trabajo que segar una dalia de tu huerto. Pero ¡eso no! Honrada, honrada como una niña recién nacida. Y fuerte para demostrártelo. Enciende la lumbre. Vamos a meter las manos; tú por tu hijo; yo, por mi cuerpo. La retirarás antes tú.

(Entra otra vecina.)

Madre Pero ¿qué me importa a mí tu honradez? ¿Qué me importa tu muerte? ¿Qué me importa a mí nada de nada? Benditos sean los trigos, porque mis hijos están debajo de ellos; bendita sea la lluvia, porque moja la cara de los muertos. Bendito sea Dios, que nos tiende juntos para descansar.

(Entra otra vecina.)

Novia Déjame llorar contigo.

Madre Llora, pero en la puerta.

(Entra la niña. La novia queda en la puerta. La madre en el centro de la escena.)

Mujer (Entrando y dirigiéndose a la izquierda.)
Era hermoso jinete,

y ahora montón de nieve.
Corría ferias y montes
y brazos de mujeres.
Ahora, musgo de noche
le corona la frente.

Madre	Girasol de tu madre, espejo de la tierra. Que te pongan al pecho cruz de amargas adelfas; sábana que te cubra de reluciente seda, y el agua forme un llanto entre tus manos quietas.
Mujer	¡Ay, qué cuatro muchachos llegan con hombros cansados!
Novia	¡Ay, qué cuatro galanes traen a la muerte por el aire!
Madre	Vecinas.
Niña (En la puerta.)	Ya los traen.
Madre	Es lo mismo. La cruz, la cruz.
Mujeres	Dulces clavos, dulce cruz, dulce nombre de Jesús.
Novia	Que la cruz ampare a muertos y vivos.

Madre | Vecinas: con un cuchillo,
con un cuchillito,
en un día señalado, entre las dos y las tres,
se mataron los dos hombres del amor.
Con un cuchillo.
con un cuchillito
que apenas cabe en la mano,
pero que penetra fino
por las carnes asombradas
y que se para en el sitio
donde tiembla enmarañada
la oscura raíz del grito.

Novia | Y esto es un cuchillo,
un cuchillito
que apenas cabe en la mano;
pez sin escamas ni río,
para que un día señalado, entre las dos y las tres,
con este cuchillo
se queden dos hombres duros
con los labios amarillos.

Madre | Y apenas cabe en la mano.
pero que penetra frío
por las carnes asombradas
y allí se para, en el sitio
donde tiembla enmarañada
la oscura raíz del grito.

(Las vecinas, arrodilladas en el suelo, lloran.)

Telón

Libros a la carta

A la carta es un servicio especializado para
empresas,
librerías,
bibliotecas,
editoriales
y centros de enseñanza;
y permite confeccionar libros que, por su formato y concepción, sirven a los propósitos más específicos de estas instituciones.
Las empresas nos encargan ediciones personalizadas para marketing editorial o para regalos institucionales. Y los interesados solicitan, a título personal, ediciones antiguas, o no disponibles en el mercado; y las acompañan con notas y comentarios críticos.
Las ediciones tienen como apoyo un libro de estilo con todo tipo de referencias sobre los criterios de tratamiento tipográfico aplicados a nuestros libros que puede ser consultado en Linkgua-ediciones.com.
Linkgua edita por encargo diferentes versiones de una misma obra con distintos tratamientos ortotipográficos (actualizaciones de carácter divulgativo de un clásico, o versiones estrictamente fieles a la edición original de referencia).
Este servicio de ediciones a la carta le permitirá, si usted se dedica a la enseñanza, tener una forma de hacer pública su interpretación de un texto y, sobre una versión digitalizada «base», usted podrá introducir interpretaciones del texto fuente. Es un tópico que los profesores denuncien en clase los desmanes de una edición, o vayan comentando errores de interpretación de un texto y esta es una solución útil a esa necesidad del mundo académico.
Asimismo publicamos de manera sistemática, en un mismo catálogo, tesis doctorales y actas de congresos académicos, que son distribuidas a través de nuestra Web.
El servicio de «libros a la carta» funciona de dos formas.

1. Tenemos un fondo de libros digitalizados que usted puede personalizar en tiradas de al menos cinco ejemplares. Estas personalizaciones pueden ser de todo tipo: añadir notas de clase para uso de un grupo de estudiantes, introducir logos corporativos para uso con fines de marketing empresarial, etc. etc.
2. Buscamos libros descatalogados de otras editoriales y los reeditamos en tiradas cortas a petición de un cliente.

www.ingramcontent.com/pod-product-compliance
Lightning Source LLC
LaVergne TN
LVHW101917190826
846094LV00002B/51

* 9 7 8 8 4 1 1 2 6 1 0 8 1 *